Der Herr segne dich!

Er lasse deinen Glauben wachsen,
er lasse deine Hoffnung blühen,
er lasse dein Leben voller Liebe strahlen.

Der Herr behüte dich!

Er nehme dich an seiner Hand
und halte dich geborgen in seinen Armen.

*Der Herr lasse leuchten
sein Angesicht über dir!*

Wie ein freundlicher Blick uns Ruhe schenkt,
erwecke er dich immer wieder mit Leben.

Er sei dir gnädig,

wenn du dich selbst quälst,
dann erinnere er dich an seine Vergebung und Freiheit.

*Der Herr erhebe
sein Angesicht über dich
und gebe dir Frieden.*

Er schenke dir ein ruhiges Herz
voller Hoffnung und Zuversicht,
auf ein Leben voller Freude und Dankbarkeit.

4. Mose 6,24-26

Siehe, es war sehr gut

Ob wir das wohl sagen können, wenn wir unsere Tagesarbeit beenden, wenn wir aus der Schule kommen oder von einer Reise zurück sind? Ob das unser letztes Wort auf dem Sterbebett sein kann: Siehe, es war sehr gut, es ist gut?

Passt dieses Wort als Überschrift für mein Lebenswerk? Das wäre mein größter Wunsch, es wäre die Erfüllung all meiner Sehnsüchte. Das Wort „Siehe, es war sehr gut!“ ist ein Zitat. Gott sprach es, als er sein Schöpfungswerk vollendet hatte und es sich noch einmal prüfend ansah, unmittelbar nach der Erschaffung des Menschenpaares. Kaum zu glauben!

Ich finde es sinnvoll, wenn ich mir bei der Begegnung mit Menschen dieses Urteil zu eigen mache. Ich sehe sie vor mir: die Briefbotin, den behinderten Mann auf der Pflegestation, die Verkäuferin im Supermarkt, den Polizisten, den rücksichtslosen Radfahrer, der mich schon mehrmals fast angerempelt hätte, wenn ich nicht ausgewichen wäre. Sie alle sind Gottes Geschöpfe. Sind sie sehr gut? Reicht meine Wahrnehmung, um sie so zu sehen und so zu achten? Da muss ich noch viel lernen. Ich muss es schaffen, nicht nur mit meinen Augen, sondern mit dem Herzen Gottes zu sehen. Das lohnt sich. Es bringt Freude. Vielleicht kann ich so alles, was von Gott kommt, diese Welt und was darin lebt, also das Zeitliche segnen. Siehe, es ist alles gut.

Abendvergnügen

Viele Leute warteten im Bäckerladen in langer Reihe auf die frischen Feierabendbrötchen. Die Letzten standen sogar auf der Straße. „Schlange stehen, das gab es im Krieg, als ich Kind war“, sagte eine ältere Dame, „damals mussten wir oft stundenlang warten. Und wenn wir endlich an der Reihe waren, dann, ja manchmal war dann das Brot ausverkauft. Ich habe geweint, wenn meine Tasche leer blieb. Ich hatte Hunger, alle hatten Hunger. Der tut sehr weh. Heute ist das zum Glück anders. Es reicht für uns alle. Keiner hungert heute Abend. Wir können unbesorgt und in Ruhe warten.“

Eine junge Frau erschien. Vermutlich war sie keine Deutsche. Sie hatte tiefschwarzes Haar, dunkle lebhafte Augen, bräunliche glatte Haut. Schön war sie, auffallend schön. Ehe wir anderen uns versahen, hatte sie sich an der Schlange vorbei bis kurz vor den Tresen geschoben. „Kommen Sie nur ganz nach vorne“, sagte jemand etwas belustigt, „heute richtet sich die Reihenfolge nach der Schönheit. Wer am schönsten ist, kommt zuerst dran.“ Die junge Frau war verblüfft und fragte nach: „Ist das wirklich so? Das kann ich gar nicht glauben.“ „Natürlich!“ lachten einige. „Aber..., aber bin ich denn so schön? Das weiß ich gar nicht“, meinte die Fremde. „Doch, Sie sind wunderschön, ganz bestimmt die Schönste von uns allen.“ „Danke, dann gehe ich mal nach vorne“, sagte die junge Frau und errötete. Sie wurde bedient und verließ lächelnd das Geschäft.

Beim Namen genannt

Die Förderschule hatte Pause. Auf dem Schulhof tummelten sich etwa 200 Kinder und Jugendliche. Der Lärm, das Geschrei war weithin zu hören. Ein älterer Kollege und ich standen auf der erhöhten Schulterrasse, um einen guten Überblick zu haben. Da, was war das? Jungen brüllten sich an, schubsten und rempelten einander. War das noch Spaß? Ein 13-jähriger Junge löste sich aus dem Pulk; er kam aufgeregt auf uns zugerannt. Schon von weitem rief er nach mir. Bei uns angekommen, erklärte er atemlos: „Die wollen mir welche auf die Fresse hauen. Die da! Einfach so in die Fresse!“ Er zeigte auf die auffällige Gruppe. „Ich habe denen nichts getan. Ich habe aber gleich gesagt: Ich gehe zur Plate hin. Die hilft mir, die Plate.“ Der Kollege schmunzelte: „Hast du einfach so ‘die Plate’ gesagt?“ Hilflos sah der Junge ihn an. Verstört schaute er von mir zu dem Kollegen, hin und her. Dann antwortete er: „Ich habe ‘die Plate’ gesagt, ja!“ Leise fügte er an mich gerichtet hinzu: „Ich weiß deinen Vornamen doch nicht.“

Ich bin für dich da

Es ist schön und wichtig, dass wir Menschen Namen haben. Wenn ich abends nicht einschlafen kann, überlege ich mir manchmal, wie ich mich selbst gerne nennen würde und welche Namen ich meinen Lieben geben könnte. Was passt zu wem?

Manchmal sprechen mich Menschen mit meinem Namen an; ich aber weiß nicht, wie sie heißen. Das ist mir dann peinlich. Gelegentlich ist es sogar wichtig für mich, ihren Namen zu wissen. Ich muss sie dann fragen, obgleich ich das gar nicht gern tue.

Mose, der den Befehl bekam, das Volk Israel aus der Knechtschaft in Ägypten zu führen, wusste den Namen seines Auftraggebers auch nicht. Gott hatte ihn angesprochen. Aber wie hieß der eigentlich? Wenn Mose seinem Volk berichten wollte, dann musste er doch seinen Namen wissen. Er traute sich, Gott zu fragen. Die Antwort war verblüffend. „Ich werde sein, so heiße ich“, sagte Gott. Das bedeutet dem Sinn nach: „Ich werde beständig für dich da sein, immer, darauf kannst du dich verlassen.“ Der Name Gottes ist seine ureigene Wesensbeschreibung, seine Offenbarung. Mit seinem Namen bietet Gott uns Menschen seine Hilfe an, gelobt er uns ewige Treue, erklärt er uns seine Liebe. „Ich bin immer für dich da!“, kann es etwas Schöneres geben? Das ist der Clou unseres Lebens.

Immer bist du für mich da, Gott.
Deshalb bringe ich alle meine Anliegen
vor dich, die Freude, den Schmerz,

die Sorge, auch meine Schuld.
Ich lege mich dir ans Herz, so wie ich bin.
Zu dir habe ich Vertrauen, hilf mir!

Grundehrlich?

Da ist ein Mensch auf dieser Welt,
der sich für grundehrlich hält.
Er sagt mir mitten ins Gesicht:
„An dir gefällt mir vieles nicht.
Ich sag es dir, ich bin so gut.
Andre haben nicht den Mut.
Mir ist die Wahrheit lieb und teuer.
Ich denk' du freust dich ungeheuer.
Nun werde so, wie ich's dir sage.
Du kannst dich ändern, ohne Frage."

Wenn dieser Mensch sich mal nicht irrt.
Ich bin nicht froh, ich bin verwirrt.
Was für mich wichtig ist und zählt,
das hat bei ihm mir sehr gefehlt.
Ich möchte angenommen sein,
trotz meiner Fehler. Das wär fein.
Wer dies nicht kann in Worte fassen,
der soll das Kritisieren lassen.
Ist nun mein Mut nicht fast wie seiner?
Auf jeden Fall ist er nicht kleiner.

Danke

Tausend Wunder durften wir erleben.
Großen Reichtum hat uns Gott gegeben:

Ein Dach, ein Bett, 'ne warme Hose,
die Sonnenblume und die Rose,

das Korn zum Brot, Obst, Milch und Wein,
auch Regen, Wind und Sonnenschein,

der lieben Nachbarn Freundlichkeit,
zur Hilfe sind sie stets bereit,

die Grüße, Briefe, den Besuch,
Konzerte und das gute Buch!

Mein schwaches Herz kann es nicht fassen;
das Aufzählen will ich nun lassen.

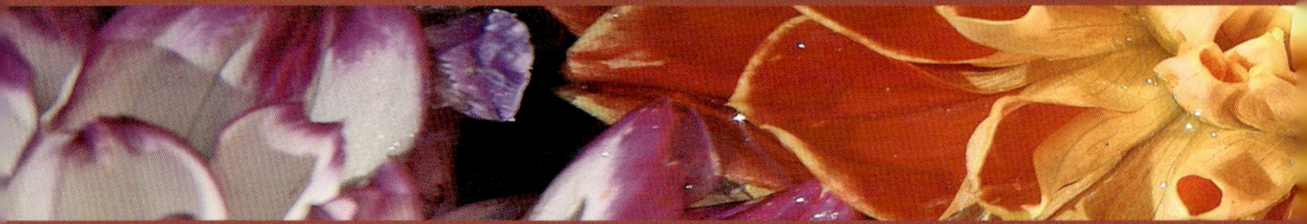

Ich sage: „Danke, liebe Leute,
euch und Gott, dem Schöpfer, heute.

Der hauchte mir das Leben ein.
Er will in Liebe bei mir sein.

Auch euch will er fürsorglich leiten
auf euren Wegen alle Zeiten.

Gott bleibt bei uns, treu, lebenslang.
Wie gut ist das! Wir sagen Dank.“

Ich habe euch eingeladen!

Am Ende die Rechnung

Einmal wird uns gewiss
die Rechnung präsentiert
für den Sonnenschein
und das Rauschen der Blätter,
die sanften Maiglöckchen
und die dunklen Tannen,
für den Schnee und den Wind,
den Vogelflug und das Gras
und die Schmetterlinge,
für die Luft, die wir geatmet haben,
und den Blick auf die Sterne
und für alle Tage,
die Abende und die Nächte.

Einmal wird es Zeit,
dass wir aufbrechen und bezahlen.
Bitte die Rechnung!
Doch wir haben sie ohne den Wirt gemacht.
Ich habe euch eingeladen,
sagt der und lacht,
soweit die Erde reicht.
Es war mir ein Vergnügen!

Lothar Zenetti

Mögest du erkennen,
dass die Gestalt deiner Seele
einzigartig ist.

Irisches Segenswort